Nosotros, el pueblo

en Estados Unidos

Kelly Rodgers

Asesora

Caryn Williams, M.S.Ed.
Madison County Schools
Huntsville, AL

Créditos de imágenes: Portada y pág. 1 Ariel Skelley/age fotostock; pág. 13 (abajo) Blend Images/Alamy; pág. 9 (abajo) Buyenlarge/Getty Images; pág. 24 Catchlight Visual Services/Alamy; pág. 27 JSP Studios/Alamy; págs. 2–3, 26 Richard Levine/Alamy; pág. 8, 14–15 The Bridgeman Art; pág. 25 (centro) Dan Porges/Getty Images; pág. 4 (abajo en el medio) Stock Montage/Getty Images; pág. 21 The Granger Collection, NYC/The Granger Collection; págs. 3, 6 (abajo), 7 (arriba), 18, 22, 23 (arriba), 25 (arriba), 32 iStock; pág. 4 (arriba en el medio) LOC, LC-DIG-pga-01602; pág. 20 LOC, LC-DIG-pga-01767; pág. 4 (abajo a la izquierda) LOC, LC-DIG-ppmsca-17523; pág. 4 (abajo a la derecha) LOC, LC-DIG-ppmsca-24329; pág. 5 (abajo, centro) LOC, LC-DIG-ppmsca-31158; pág. 19 LOC, LC-DIG-ppmsca-37242; pág. 4 (arriba a la derecha) LOC, LC-USZC2-3273; pág. 15 LOC, LC-USZ62-59464 The Library of Congress; pág. 23 (abajo a la izquierda) Jim Pickerell Stock Connection Worldwide/Newscom; págs. 9 (arriba), 10–13 North Wind Picture Archives; pág. 15 Getty Images/SuperStock; pág. 9 (fondo) US National Archives; págs. 4 (arriba a la izquierda), 5 (arriba en el medio, arriba a la izquierda, abajo a la izquierda, arriba a la derecha y abajo), 7 (ambas partes inferiores), 12 (izquierda), 17 (todas), Wikimedia Commons; todas las demás imágenes pertenecen a Shutterstock.

Teacher Created Materials

5301 Oceanus Drive
Huntington Beach, CA 92649-1030
http://www.tcmpub.com

ISBN 978-1-4938-0595-2

© 2016 Teacher Created Materials, Inc.
Printed in China
Nordica.052019.CA21900471

Índice

Valores estadounidenses

Ser un estadounidense no tiene que ver con el color de la piel, la ropa que usas ni la apariencia. Entonces, ¿qué significa ser un estadounidense? El pasado de Estados Unidos puede ayudarnos a encontrar la respuesta. Los primeros líderes estadounidenses construyeron nuestra nación con base a ciertos **valores**. Escribieron sobre estos valores importantes en la **Constitución de EE. UU.**

Los primeros líderes estadounidenses

Muchos de estos primeros líderes ayudaron a convertir a Estados Unidos en lo que es hoy en día.

Patrick Henry

George Washington

Martha Washington

Alexander Hamilton

Dolley Madison

James Madison

Nuestros primeros líderes escribieron que los estadounidenses debían ser libres. Creían que los estadounidenses debían creer en lo que querían creer, y decir lo que querían decir. Los estadounidenses debían sentirse seguros y ser felices. Los líderes dijeron que los estadounidenses debían ser tratados de manera justa. Manifestaron que no se les debería permitir a las personas lastimar a los demás. También creían que debían poder elegir a sus líderes. Estos son los **derechos** que todos los estadounidenses tienen. Estas ideas y derechos aún son importantes para los estadounidenses. Los llamamos valores **cívicos**.

John Adams

Abigail Adams

Samuel Adams

Benjamin Franklin

Thomas Jefferson

Mercy Otis Warren

En Estados Unidos podemos disfrutar de muchos derechos. Pero ser estadounidenses no se trata solamente de los derechos que tenemos. También se trata de ser un buen **ciudadano**. Los buenos ciudadanos tienen **responsabilidades**. Son deberes que debemos cumplir.

Tienes deberes en tu casa. Tu deber puede ser lavar los platos o mantener limpia tu habitación. También tienes deberes en la escuela. Tu deber es aprender y ser bueno con los demás.

Estos niños son buenos ciudadanos porque limpian su comunidad.

Este niño hace quehaceres en su casa.

Además, todos tenemos responsabilidades para con nuestro país. Nuestro deber es seguir las reglas y las leyes. Nuestro deber es tratar a los demás de manera justa. La Constitución de EE. UU. enumera estos derechos y responsabilidades. Habla sobre los valores de Estados Unidos.

La Constitución de EE. UU. demuestra que el país se construyó sobre esos valores. Los primeros líderes estadounidenses nos dieron el ejemplo. Trabajaron duro y confiaron en sí mismos. Ayudaron a convertir a Estados Unidos en lo que es hoy en día. Depende de nosotros seguir su ejemplo.

Una nueva nación

En el siglo XVII, algunas personas salieron de Gran Bretaña para vivir en América del Norte. Llegaron por varios motivos. Algunos querían libertad para practicar su religión. Se llamaban *puritanos*.

Ya para 1776, había muchas más personas de Europa que vivían en América del Norte. Vivían en las 13 **colonias**. Gran Bretaña y su rey controlaban estas colonias. Los **colonos** creían que el rey no los trataba de manera justa. Querían liberarse de su dominio. Querían tener su propio país.

Los líderes de las colonias se reunieron y escribieron la Declaración de **Independencia**. Fue una carta dirigida al rey. Manifestaba que las colonias eran libres del dominio británico y que crearían un nuevo país. Pero el rey quería mantener las colonias. Esto inició una guerra. En 1783, los colonos ganaron la guerra y nació una nueva nación. Se llamó Estados Unidos de América.

George Washington lidera el ejercito estadounidense.

Los puritanos desembarcan en Plymouth, Massachusetts, en 1620.

Valores de los indígenas norteamericanos

Los indígenas norteamericanos vivían en América del Norte mucho antes de que llegaran los puritanos. También tenían valores importantes. La familia era algo muy importante para ellos. Además, tenían mucho respeto por la tierra.

Familia de indígenas norteamericanos en 1899

Todos son creados iguales

La Declaración de Independencia no solo decía que las colonias eran libres. Decía el tipo de nación que debería ser Estados Unidos. Decía que las personas estarían a cargo de su país. Declaraba que las personas tenían ciertos derechos.

Thomas Jefferson fue uno de los primeros líderes de Estados Unidos. Ayudó a escribir la Declaración. Sus palabras explicaban las creencias de la nueva nación. Jefferson dijo: "Todos los hombres son creados iguales". Nuestros valores se basan en esa idea.

Manos solidarias

Cuatro hombres ayudaron a Jefferson a redactar la Declaración de Independencia: John Adams, Benjamin Franklin, Robert Livingston y Roger Sherman.

Pero los estadounidenses no trataban a todas las personas de la misma manera. En la época de Jefferson, muchas personas eran esclavos. Los esclavos no tenían libertad. Pertenecían a otras personas. Las mujeres tampoco tenían los mismos derechos que los hombres blancos. La promesa de **igualdad** de Jefferson era una buena idea. Pero los estadounidenses del futuro tendrían que trabajar mucho más para que esa promesa se hiciera realidad. En la actualidad, seguimos trabajando por la igualdad de todas las personas.

Hace mucho tiempo, estos esclavos eran forzados a cosechar caña de azúcar.

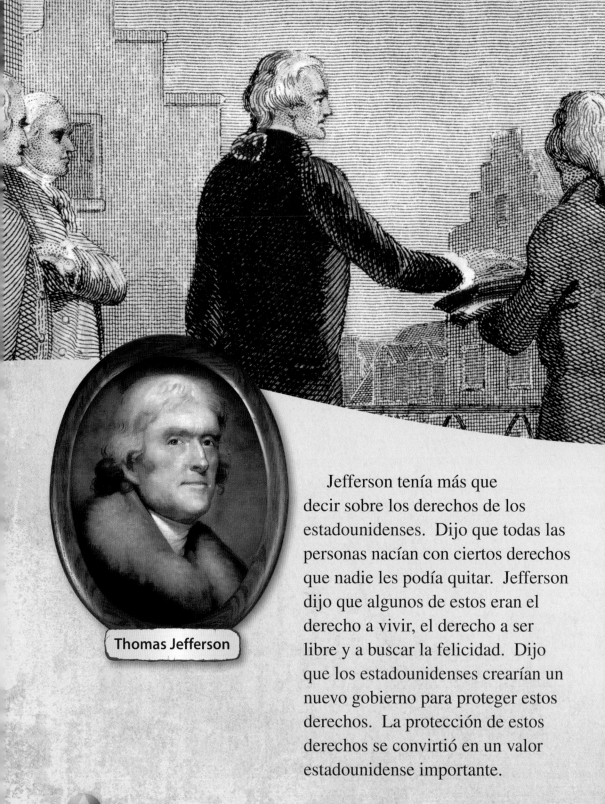

Thomas Jefferson

Jefferson tenía más que decir sobre los derechos de los estadounidenses. Dijo que todas las personas nacían con ciertos derechos que nadie les podía quitar. Jefferson dijo que algunos de estos eran el derecho a vivir, el derecho a ser libre y a buscar la felicidad. Dijo que los estadounidenses crearían un nuevo gobierno para proteger estos derechos. La protección de estos derechos se convirtió en un valor estadounidense importante.

George Washington jura como presidente en 1789.

Jefferson dijo también que las personas debían elegir a sus líderes. Una persona no debería tener todo el poder. No quería que otro rey gobernara Estados Unidos. Jefferson dijo que si las personas no podían elegir a sus líderes, el gobierno no sería justo. Su idea se conoce como "el consentimiento de los gobernados". Esto significa que las personas deben ponerse de acuerdo sobre quiénes son sus líderes. Esto se convirtió en otro valor cívico. Por esto, votamos, o elegimos, a nuestros líderes.

La ley de la nación

En 1777, los líderes estadounidenses redactaron una constitución. Decía cómo debería funcionar el gobierno. Establecía las reglas y las leyes de la nación. Muchos estadounidenses no deseaban un gobierno fuerte. Les recordaba al rey británico. Querían que el pueblo tuviera el poder. La primera constitución se llamó **Artículos de la Confederación**. Pero hubo problemas con los Artículos. El gobierno no era lo suficientemente fuerte para mantener segura a la nueva nación.

George Washington habla en la Convención Constitucional en 1787.

Los líderes se reunieron para escribir una nueva constitución. Fue un arduo trabajo. Ningún otro país había intentado formar el tipo de gobierno que quería Estados Unidos. Algunas personas pensaban que no funcionaría. Decían que era peligroso darle tanto poder al pueblo.

En 1789, estaba lista la Constitución de EE. UU. Decía cómo elegiríamos a nuestros líderes. Enumeraba nuestros derechos y deberes. Estaba basada en los valores del pueblo.

Una rama del gobierno se reúne en el edificio del Capitolio de EE. UU.

El nuevo gobierno se creó para proteger los derechos del pueblo. La Constitución de EE. UU. decía que una persona no podía tener todo el poder. El poder sería compartido. Los estados estarían a cargo de sí mismos, pero también habría un gobierno central. Estaría a cargo de todo el país.

La Constitución de EE. UU. tiene tres partes. El preámbulo es la introducción. Manifiesta por qué se escribió la Constitución de EE. UU. Menciona en lo que creemos "nosotros, el pueblo". Dice que valoramos la **justicia**, o la equidad, y la paz. También dice que valoramos la libertad.

Los artículos son el cuerpo de la Constitución de EE. UU. Explican cómo funciona el gobierno. El poder se comparte entre tres ramas, o partes. Estas ramas son como las patas de un banquillo. Están separadas, pero todas funcionan en conjunto para mantener en pie el banquillo.

Las **enmiendas** son la tercera parte. Son cambios. Le permiten a la Constitución de EE. UU. crecer y cambiar junto con la nación.

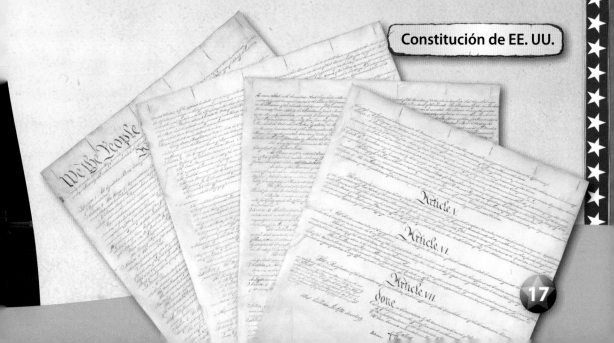

Constitución de EE. UU.

17

La Carta de Derechos

La Constitución de EE. UU. se escribió para proteger nuestros derechos. Pero algunas personas pensaban que era necesario tener más derechos. Querían que se añadieran todos estos derechos a la Constitución de EE. UU. Pedían una Carta de Derechos. Estos se convirtieron en las primeras 10 enmiendas de la Constitución de EE. UU.

La Primera Enmienda protege las libertades básicas. Incluye la libertad de culto. Esto significa que el gobierno no puede obligarte a que practiques una religión en particular. Puedes creer en lo que quieras creer. También, incluye la libertad de expresión y la libertad de prensa. Significa que puedes decir lo que quieras decir. ¡Hasta puedes hablar en contra del gobierno!

La Segunda Enmienda protege nuestro derecho a defendernos a nosotros mismos. Las otras enmiendas explican los derechos a un castigo justo. Muchas personas creen que la Carta de Derechos es la mejor declaración de nuestros valores. Explica lo que significa ser estadounidense.

Estas personas marchan por la libertad y sus derechos en 1963.

Más enmiendas

Hoy en día, tenemos muchos de los mismos valores que tenían los primeros líderes. Aún creemos que las personas deben ser libres. Y todavía creemos que todas las personas deben ser tratadas de manera justa. Pero nuestras ideas sobre cómo hacer realidad estos valores han cambiado con el paso del tiempo. Se han agregado nuevas enmiendas para resolver problemas nuevos. Estas enmiendas muestran cómo ha cambiado Estados Unidos.

Este afiche conmemora la Decimoquinta Enmienda.

THE FIFTEENTH AMENDMENT.

En 1865, la Decimotercera Enmienda terminó con la esclavitud. La Decimocuarta Enmienda dice que cualquier persona nacida en Estados Unidos es un ciudadano. La Decimoquinta Enmienda dio el derecho a votar a todos los hombres. En 1920, la Decimonovena Enmienda dio a las mujeres el derecho al voto.

La Constitución de EE. UU. nos dice qué valoran los estadounidenses. Explica cómo funciona nuestro gobierno. Los primeros líderes trabajaron mucho para crear un gobierno justo. Querían un país que protegiera a su pueblo. También querían un país que creciera y cambiara con su pueblo. Las enmiendas son la evidencia de esta idea.

Las mujeres marchan por su derecho al voto en 1912.

Ciudadanos responsables

Con los derechos vienen las responsabilidades. Los ciudadanos responsables son buenos ciudadanos. Trabajan para que su país sea un mejor lugar. Siguen las reglas y las leyes. Intentan hacer lo mejor para todos. Tratan a los demás con justicia y ayudan a los necesitados.

Hay otras formas de ser un buen ciudadano. Las personas pueden donar su tiempo, dinero o cosas para ayudar a los demás. Algunas personas dan estas cosas a organizaciones de beneficencia. Son grupos que ayudan a los necesitados. Los buenos ciudadanos también pueden ofrecerse como voluntarios. Esto significa que trabajan gratuitamente para ayudar a los demás.

La **democracia** tiene que ver con las personas. Para que funcione, las personas deben participar. Hay muchas maneras en que los adultos pueden colaborar en una democracia. Pueden votar por los líderes y las leyes. Pueden servir en un jurado. Esto significa que ayudan a determinar si una persona infringió la ley. Hasta pueden formar parte del gobierno y convertirse en líderes.

Esta familia entrega comida a una organización de beneficencia.

Las organizaciones de beneficencia

Existen muchas organizaciones de beneficencia asombrosas en Estados Unidos y en todo el mundo. Estos grupos trabajan mucho para ayudar a los demás. Encuentra una organización de beneficencia en tu comunidad y averigua cómo puedes ayudar.

Esta niña es una buena ciudadana porque ayuda a su amiga.

Un jurado jura antes de que comience el juicio.

Tú también puedes ser un ciudadano responsable. Sigue las reglas en casa y en la escuela. No infrinjas las leyes de nuestro país. Participa en la comunidad y el gobierno. Puedes aprender sobre los líderes locales. Puedes aprender sobre los líderes del país. Puedes ayudar a mantener limpia y segura tu comunidad. Si ves a alguien que es tratado de forma injusta, ¡di lo que piensas!

Puedes donar artículos a un banco de alimentos. Puedes ser voluntario en un **refugio** de animales. Puedes recoger la basura de algún parque local. Puedes ser honesto y justo. Puedes ser un líder en la escuela y en casa. Siempre puedes trabajar mucho y dar lo mejor de ti. Nunca es demasiado temprano para aprender a ser un buen ciudadano. Un valor importante estadounidense es aprender a ser un ciudadano responsable.

Esta mujer trabaja como voluntaria en un refugio de animales.

Estas personas trabajan como voluntarias para construir casas para los necesitados.

Bancos de alimentos

Los bancos de alimentos entregan comida gratis a las personas necesitadas. Los bancos de alimentos necesitan voluntarios para que ayuden a clasificar y empacar la comida.

DONACIÓN

Estos niños muestran su amor por Estados Unidos ondeando banderas estadounidenses.

Nosotros, el pueblo

Los valores estadounidenses vienen de nuestro pasado y del presente. Los primeros líderes de Estados Unidos trabajaron mucho para crear un país que apoyara estos valores. Sus ideas se encuentran en la Declaración de Independencia. También están en la Constitución de EE. UU. Estos valores nos dicen lo que significa ser estadounidense.

Aún estamos aprendiendo a vivir según estos valores. A medida que nuestro país cambie a lo largo del tiempo, enfrentaremos nuevos problemas. Así que debemos encontrar nuevas formas de resolver estos problemas. Es importante que nos aseguremos de que todas las personas sigan teniendo libertad y justicia.

Como estadounidenses, estamos a cargo de nuestro gobierno. Podemos elegir nuestros líderes. También podemos votar por las leyes. Creemos en la igualdad. Creemos que todas las personas deben ser tratadas de manera justa. La Constitución de EE. UU. protege nuestros derechos. Para mantener estos derechos, tenemos responsabilidades. Debemos ser buenos ciudadanos para que Estados Unidos siga siendo fuerte.

Este hombre vota por sus líderes.

¡Escríbelo en tu blog!

Nuestros primeros líderes trabajaron mucho para hacer de Estados Unidos un país fuerte. Combatieron en una guerra para ser libres. Escribieron la Constitución para asegurarse de que las personas tuvieran derechos y los mantuvieran. Ha habido muchos líderes estadounidenses grandiosos. Elige uno y aprende más sobre él o ella. Luego, escribe un blog sobre esa persona. ¡Comparte tu blog con los demás!

Esta niña aprende en Internet sobre George Washington.

"George Washington fue el primer presidente".

Este niño escribe un blog sobre un líder estadounidense.

Estos niños buscan libros sobre líderes estadounidenses.

Glosario

Artículos de la Confederación: el primer conjunto de leyes de Estados Unidos, anterior a la Constitución

ciudadano: una persona que pertenece legalmente a un país

cívicos: relacionados con ser un ciudadano

colonias: áreas gobernadas por otro país

colonos: personas que viven en una colonia

Constitución de EE. UU.: el sistema de creencias y leyes según el cual está organizado Estados Unidos

democracia: una forma de gobierno en la que las personas eligen a sus líderes por medio del voto

derechos: cosas que se le deberían permitir tener o hacer a una persona

enmiendas: cambios en las palabras o el significado de una ley o documento

igualdad: ser iguales o los mismos

independencia: libertad de control o apoyo exterior

justicia: equidad

refugio: un lugar que brinda alimentos y protección a personas o animales que necesitan ayuda

responsabilidades: tareas o deberes obligatorios

valores: creencias que se sostienen con convicción acerca de lo que es importante

Índice analítico

¡Tu turno!

Valores importantes

Piensa sobre los valores estadounidenses que aparecen en este libro. ¿Cuál crees que es el valor más importante? ¿Por qué crees eso? Diseña un afiche sobre el valor que elegiste.